PÉTULA   NAPHTALINE   CROULINE   BISBILLE   SILHOUETTE   POUYASTRUC   VANESSE   MATROUNE   FOFIFON

À madame Nays.
Emmanuel Guibert

© Bayard Éditions Jeunesse, 2004
3, rue Bayard, 75008 Paris
ISBN : 2-7470-1273-5
Dépôt légal : septembre 2004
Loi 49-956 du 16 juillet 1949 sur les publications destinées à la jeunesse
Reproduction, même partielle, interdite
Imprimé en France par Pollina s.a., 85400 Luçon
N° impression : L93656

ARIOL

Karaté !

BD

BAYARD

KARATÉ!

ARiOL

T'as du bol ! Moi, il m'en manque plein !

Oui, mais moi, c'est l'enfer : ça fait cinq jours que je cherche la dernière vignette et je n'arrive pas à la trouver. Je deviens fou.

C'est laquelle ?

C'est la numéro 128, page 14. "LE CHEVALIER CHEVAL ET LA PRINCESSE POULICHE."

Attends, on va voir si je l'ai.

Si tu l'as, je te tue.

Non. Je l'ai pas.

Personne ne l'a.

Ça m'énerve, à la fin ! Il y a des vignettes que j'ai dix ou douze fois, comme "L'EMPEREUR MORODAN AUX SPORTS D'HIVER" ou "LE CHEVALIER CHEVAL RUE DANS LES BRANCARDS".
Et la 128, pas moyen de la trouver !

11

Parce que sur toute la collection, il y a toujours une vignette impossible à avoir ! Et pour cause : ILS NE LA FABRIQUENT PAS !

C'est faux !

Comme ça, vous continuez à acheter des vignettes pendant des mois pour trouver celle qui vous manque ! Et vous ne la trouvez jamais !

Ne l'écoutez pas !

Il a raison !

La numéro 128, page 14 ! Il y a cinq jours que je la cherche ! Personne ne l'a !

Parce qu'elle n'existe pas, mon pauvre petit !

Moi, quand j'avais ton âge, je collectionnais les vignettes de foot. Pendant quarante ans, j'ai cherché la vignette 632, page 71 de mon album "Les Rois du Football".

Il y a deux ans, j'ai dû me rendre à l'évidence : la vignette 632 n'a jamais existé. C'était un piège !

Quelle horreur !

Oui. J'ai passé ma vie à poursuivre une vignette-fantôme. Ne faites pas comme moi ! Ne tombez pas dans le piège des fabricants de vignettes !

Hé, ARIOL !

Je viens d'ouvrir ton paquet et regarde sur quoi je tombe !

YA-HOOU !

? ?

13

632! EMILIO BRAVO, gardien de but du F.C. ARCACHAN.

C'EST ELLE!

C'EST TROP D'ÉMOTIONS! JE VOUS AIME! J'AIME LE MONDE ENTIER!

BÉGOSSIAN, en retrouvant ce goal, tu as redonné un but à ma vie. Vends-moi l'album du CHEVALIER CHEVAL. Je commence une nouvelle collection!

Passe-moi un KOUKI, s'il te plaît. J'ai faim.

GOSSIAN
IE-PAPETERIE-JOURNAUX

FiN

Ça tombe bien, c'est surtout les pieds qui étaient sales.

Je les savonne sur le dessus, parce que si je les savonne sur le dessous, je vais glisser et me casser la figure.

ARIOL ! RINCE-TOI BIEN ET SORS DE CETTE DOUCHE !

C'est ce que je fais, maman !

Le CHEVALIER ARIOL quitte la forteresse. Il s'en est encore sorti vivant sans trop se mouiller.

L'EMPEREUR MORODAN a disparu par le trou de la baignoire, mais il n'est pas mort. Le CHEVALIER ARIOL devra faire attention la prochaine fois.

VOI-LÀ ! ♪ ♪ J'Ai FI-Ni ! ♪♪

Alors ? On ne se sent pas mieux quand on est bien propre ?

Ah si.

Donne-moi pas trop de courgettes et beaucoup de gratiné du dessus.

ARIOL

Karaté

Il a dit : "Espèce de sale chat". Et le type, c'était un gros chien tout baveux. Mais mon père, il a pas eu peur.

Mon père, il a regardé le type comme ça et il lui a dit : "Qu'est-ce que t'as, TOUTOU ? T'as tes puces qui te grattent ? "

Alors le type, il est devenu très énervé et il a voulu attraper mon père ici.

Seulement mon père, quand il était jeune, il a fait du Karaté et son prof, c'était un tigre. Alors regardez bien ce qu'il a fait.

31

Ben on va voir : ce soir, je raconte tout à mon père et il va venir s'expliquer avec ton père.

D'accord.

De toute manière, ton père, il a même pas le code de mon immeuble.

Il attendra que ton père sorte.

Si ton père, il attend mon père devant la porte de l'immeuble, mon père, il sortira par le garage.

Eh ben mon père, il poursuivra ton père en auto !

Oui, mais mon père, il fera du 130 à l'heure.

Et mon père, il fera du 131.

Bon, les gars ...

Premier groupe : ARIOL, BATÉGAILLE, BISBILLE, BITONIO, BROUHAHA, CROULINE, FOFIFON, KWAX et MATROUNE.

M'sieur ?

Deuxième groupe : NAPHTALINE, PATOUCHE, PÉTULA, PHARAMOUSSE, POUYASTRUC, RAMONO, SILHOUETTE, TIBURGE et VANESSE.

M'sieur ?

Le premier groupe passera la semaine dans la classe de madame PÉPOUTE.

On peut rentrer chez nous ?

Le deuxième groupe ira dans la classe de monsieur CHOUILLON.

M'sieur ?

39

ZUT! Je suis pas dans le groupe de PÉTULA !

M'sieur ?

CLAP CLAP CLAP

Qu'est-ce que tu veux ?

On peut rentrer chez nous ?

Mais tu n'as rien écouté, toi !

Parce que moi aussi, j'ai une entorse. Aïe aïe aïe.

J'ai mal.

Fais voir ton pied.

C'est ici, là. On voit pas, mais c'est tordu à l'intérieur.

Tu n'as rien du tout. Va rejoindre ton groupe et en vitesse !

Aïe ouille. Je boite.

En plus, PÉTULA est dans le groupe de TIBURGE. Il va s'asseoir à côté d'elle en classe.

Eh, ARIOL !

T'as vu ? On n'est pas ensemble.

Oui, c'est terrible.

Tu voudrais pas t'asseoir à côté de TIBURGE ?

T'es fou, toi ! À tt'à l'heure !

PLUS TARD, À LA RÉCRÉ...

Alors ?

Ça va.

CHOUILLON a fait une dictée et c'était moins difficile qu'avec LE BLOUNT.

Et TIBURGE, il est assis où ?

Par exemple, à un moment, dans la dictée, il y avait "LE SOLEIL EST HAUT DANS LE CIEL",...

Il est assis avec qui, TIBURGE ?

Et CHOUILLON, il a dit : "Attention ! HAUT, c'est un mot À CHAHUTER !"

MAIS JE M'EN FICHE !

RETROUVE TES HÉROS

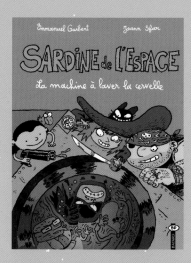

PRÉFÉRÉS EN ALBUMS

En librairie 8,90 €

ET AUSSI...

ANGELOT DU LAC

3 titres parus

8 titres parus

LES MOINEAUX

MARION DUVAL

13 titres parus

THÉO TOUTOU

2 titres parus

INSPECTEUR BAYARD

13 titres parus

RAMONO   PATOUCHE PHARAMOUSSE   BITONIO   KWAX   BROUHAHA TIBURGE   BATÉGAILLE